16808

PRINCIPES

ABRÉGÉS ET RAISONNÉS

DE MUSIQUE.

ERRATA.

Page 4, ligne 22, admet, *lisez* admette.
12, l. 12, temps, *lisez* tons.

PRINCIPES

ABRÉGÉS ET RAISONNÉS

DE MUSIQUE,

Ouvrage destiné à faciliter et à simplifier l'étude de cette science.

Par Eus. P. D. L.

Chiamate la Diavolo, se vi piace, ma intonatela. (GAETAN GRÉCO.)
Appelez cette note *Diable*, si vous voulez, mais faites l'intonation.

A MELUN, DE L'IMPRIMERIE DE MICHELIN.

1809.

Deux Exemplaires ont été déposés à la Bibliothèque Impériale, conformément à la Loi, et je déclare n'avouer que ceux qui seront revêtus de ma Signature.

OBSERVATIONS PRÉLIMINAIRES.

Pourquoi la Musique est-elle si peu cultivée en France ? Pourquoi est-elle frappée, sur-tout dans les provinces, d'une espèce de discrédit ? Pourquoi y faisons-nous généralement peu de progrès, et cette Science aimable est-elle presque toujours abandonnée des personnes qui l'ont étudiée, aussitôt qu'elles ont secoué la poussière des écoles, ou qu'elles ne redoutent plus l'influence du Maître ? Manquons-nous, pour l'apprendre, d'aptitude ou de dispositions naturelles ? Sommes-nous insensibles aux charmes qu'elle procure, et l'harmonie nous trouve-t-elle plus rebelle à son pouvoir qu'elle n'a trouvé jadis les lions et les tigres de la Thrace, quand elle animait la lyre d'Orphée ?

Voilà les questions que je vais examiner, et auxquelles je m'efforcerai de répondre. Je veux essayer de démontrer dans ce petit Ouvrage, que la Musique pratique reposant sur des principes extrêmement simples, son enseignement doit présenter la même simplicité ; et si je viens à choquer d'anciennes coutumes, à combattre d'anciens préjugés, je ne me montrerai qu'appuyé d'autorités respectables, et guidé par l'expérience, plus sûre que la routine aveugle qui nous a enchaînés jusqu'à présent.

La Musique qu'on est convenu généralement de regarder comme une Science futile et de pur agrément, était bien autrement considérée chez les Grecs, et jouissait auprès d'eux de la plus haute faveur. Apollon qui y présidait était un des douze grands Dieux; Orphée et Linus auxquels on attribue l'invention de la lyre, étaient regardés comme les enfans du Ciel. Quels prodiges ne rapporte-t-on pas de ses effets ? Les hommes réunis en société, les lions apprivoisés, les monstres de la mer rendus sensibles, les murailles de Thèbes bâties au son de la lyre, tout atteste l'influence puissante qu'elle exerçait sur ces oreilles délicates. Les plus grands hommes ne dédaignèrent pas d'en faire l'objet de leurs hautes spéculations; Pithagore la soumit à ses calculs; Epaminondas est célébré par les historiens, pour en avoir fait une étude particulière. La Musique faisait une partie essentielle de l'éducation; elle conduisait et animait les guerriers au combat; elle chantait les Dieux, les exploits des héros et des vainqueurs aux jeux Olympiques ; elle redisait sur la lyre les odes sublimes de Pindare et les chants majestueux d'Homère; enfin, compagne inséparable de la Poësie, elle faisait son plus bel ornement, et, la gravant dans la mémoire des hommes, l'aidait à traverser les siècles, et la fit parvenir jusqu'à nous.

Et en effet, ne semble-t-elle pas avoir une origine toute céleste, cette Science qui, par une simple combinaison des sons, produit sur nous des effets si extraordinaires? Quel homme n'a pas éprouvé un secret frémissement dont il ne peut dire la cause, quand une harmonie savante, par des transitions habiles, et des dissonances heureusement ménagées l'amènent à cet *accord parfait*, le premier de tous les accords, le type, la base de toute harmonie, où il se repose et respire comme dans un port après l'orage? Non, sans doute, nous ne sommes pas étrangers à ces douces émotions; la nature libérale ne nous a pas donné des organes moins parfaits qu'aux peuples de l'Italie et de l'Allemagne, qui font leurs délices de la Musique.

Où donc est la cause du dégoût qu'elle inspire à presque tous les élèves? Disons-le avec courage : c'est qu'elle est mal connue, mal démontrée.

Il semble en vérité que la Musique soit du genre de ces sciences occultes qu'on enveloppait d'obscurités pour en dérober la connaissance au vulgaire. S'il est quelques adeptes qu'elle admet à ses mystérieux secrets, on peut assurer qu'ils ont été favorisés de la nature, ou qu'ils ont payé cher les charmes qu'elle leur partage. Cette Science est cependant d'une grande utilité, je dirais presque d'une nécessité absolue pour ceux même qui veulent se borner à la connaissance d'un instrument quelconque : elle lève et applanit pour eux toutes les difficultés musicales, et, ne laissant au commençant d'autres obstacles à surmonter que ceux que présente l'étude de l'instrument, lui donne la liberté de s'y livrer tout entier, et abrège pour lui le terme d'un noviciat pénible et fastidieux. C'est une vérité si généralement sentie que les Maîtres intelligens ne manquent jamais de faire précéder leurs leçons de Musique instrumentale de *notions élémentaires de Musique*. Mais l'impatience de l'élève de tirer quelques sons de l'instrument qu'on lui met entre les mains, ne lui permet guere d'attendre le succès d'une

PRÉLIMINAIRES.

pareille étude, qu'au surplus il regarde comme inutile et dont la longueur et la sécheresse l'épouvantent; et je n'en suis point étonné. Quel est en effet cet appareil de clefs avec différentes positions, de tons majeurs et mineurs avec tant de noms différens, de signes, de mots barbares qui ne font que surcharger la mémoire, fatiguer la vue, sans rien dire à l'imagination, et au moyen desquels on est parvenu à faire de la Musique une étude pénible et rebutante ? La gamme majeure n'est-elle pas la même dans tous les tons possibles, et les tons d'*ut majeur*, de *ré dièze majeur*, de *mi bémol majeur*, etc. ne se ressemblent-ils pas tous pour la succession des sons, et diffèrent-ils autrement que par leur degré d'élévation ?

Armons-nous donc contre cette méthode vicieuse employée par les Maîtres de Musique (1) de faire pâlir leurs élèves pendant des mois entiers sur des gammes en *ut*, puis en *sol*, puis en *fa*, puis avec des clefs différentes et dans toutes leurs positions, comme si toutes ces gammes-là n'étaient pas rigoureusement la même, et comme si un élève qui sait parfaitement la gamme d'*ut majeur*, n'était pas par cela même en état de chanter toutes les autres. Car, examinons-le bien, ces noms barbares d'*ut*, *ré*, *mi*, etc. qu'on croit si essentiels à connaître et qu'on regarde comme le fondement de la Musique, que sont-ils, sinon des *signes primitivement adoptés pour graver dans la mémoire les différens degrés de la gamme majeure*, *ut* en étant toujours le premier degré, *ré* le second, et ainsi des autres ? Tel était le système de *Guy d'Arezzo*, et cette intention du fondateur de la Musique moderne me semble clairement démontrée par le nom même des notes qu'il a tirées de l'hymne de S.t-Jean :

UT queant laxis. *RE*sonare fibris,
*MI*ra gestorum. *FA*muli tuorum, etc.

ces différentes syllabes étant précisément, (2) par la disposition du chant, propres à rappeler les intervalles connus dans la gamme sous les noms de

---

(1) Je signale ici un abus de l'Art ; mais loin de moi l'idée d'aucune application personnelle. Plusieurs Maîtres m'ont aidé de leurs leçons ; je conserverai toujours pour eux un sentiment de reconnaissance, sur-tout pour le respectable Professeur qui m'a donné les premières notions de la Musique.

(2) *Guy d'Arezzo* fit précisément ce que ferait un Musicien qui, voulant imaginer un nouveau système de Musique, prendrait pour le nom des notes de sa gamme les syllabes de ce refrain si connu :
Je suis sur le pont d'A- vi- gnon.

OBSERVATIONS

tonique, seconde, tierce, quarte, etc. Alors les tons se désignaient comme encore aujourd'hui, pour quelques instrumens, par les lettres de l'alphabet : A représentait le ton que nous nommons *la*, C correspondait à *ut*, D à *ré*, et dans ces tons différens la *tonique* ou le premier degré prenait invariablement le nom d'*ut*. Sa méthode eût le succès qu'elle devait avoir dans l'enfance de l'Art. Les noms d'*ut*, *ré*, *mi*, quoique peu sonores, étant pris d'un chant connu et pour ainsi-dire populaire, avaient l'avantage de soulager la mémoire et de faciliter l'intonation.

La simplicité de cette méthode ne tarda pas à être altérée, d'abord, par l'institution de trois espèces de clefs, destinées en apparence, à faciliter l'intelligence de la Musique, et qui, avec leurs positions différentes, en forment huit ; car, par une fatalité remarquable, la note qui dans sa position primitive était *ut* ou la tonique de *C majeur* (1), devient successivement par ces huit clefs, *ré*, *mi*, *fa*, *sol*, *la*, *si* et *ut*, comme si l'on eut craint de trop aider la mémoire en mettant deux ou trois fois la même note dans la même position.

Mais ce qui acheva de défigurer le système de *Guy d'Arezzo*, c'est l'usage adopté par les modernes sous le nom de *manière de solfier au naturel* (2) contre lequel J.-J. Rousseau s'élève avec un juste ressentiment, et qui consiste à faire de ces notes *ré*, *mi*, *fa*, *sol*, *la*, *si*, autant de toniques nouvelles : en détruisant ainsi cette *idée fixe des intervalles de la gamme majeure* qui avait été dans le principe attachée au nom des notes. Pour opérer tous ces changemens de *toniques*, il a bien fallu armer les clefs de *dièzes* et de *bémols*, autre source d'embarras et de difficultés pour les élèves ; les uns ne peuvent s'imaginer que des tons indiqués par tant de signes différens représentent exactement la même succession de sons : d'autres prennent les tons avec des *dièzes* pour des tons majeurs, et les

---

(1) Les clefs de *fa*, *sol*, *ut*, avec leurs différentes positions, produisant successivement sur une ligne quelconque de la portée musicale, (la première par exemple) les tons *la*, *ut*, *mi*, *sol*, *si*, *ré*, *fa*, *la*, ou tous les tons de la gamme, on peut raisonnablement supposer qu'elles ont été imaginées pour marquer le ton ; autrement, c'est une institution bisarre qu'on ne saurait expliquer, et qui ne sert qu'à apporter la confusion.

(2) Voyez Rousseau, *Dict. de Musique*. Dans la manière de solfier *au naturel*, *ut*, *ré*, *mi*, sont indifféremment *toniques* au gré du Musicien ; dans celle *par transposition*, *ut* est toujours la tonique, quelque soit le ton où l'on se trouve. Il est aisé de voir que la manière la moins *naturelle* des deux est bien celle que l'on a improprement qualifiée de ce nom.

PRÉLIMINAIRES.

tons avec des *bémols*, pour des tons mineurs; tous déclarent, et chacun est généralement convaincu que l'étude de la Musique est hérissée de difficultés presque insurmontables, et que l'Italien et l'Allemand sont apparemment conformés différemment que nous, puisqu'ils semblent nés avec une disposition particulière à la Musique.

Nous ne manquons cependant pas d'ouvrages élémentaires (1), mais ce sont pour la plupart des collections énormes et dispendieuses, composées d'après ce système subversif de la Musique, où ses vrais principes ne sont pas même expliqués, et qui, par le prix qu'il faut y mettre, achèvent de dégoûter ceux que l'aridité d'une étude semblable ont déjà mille fois rebutés.

Je ne viens point présenter une méthode opposée au système actuel; fut-il vicieux, il existe, et c'est une raison de s'y conformer. Je ne veux point supprimer le nom des notes pour en substituer d'autres, mais je veux apprendre à ne les apprécier qu'à leur juste valeur, et à considérer dans une série de notes, non pas le nom qu'elles portent, mais les intervalles qu'elles représentent.

Que dirait-on d'un homme, qui pour traduire en français un ouvrage anglais, qu'il comprend facilement, commencerait par le traduire en espagnol qu'il n'entend qu'avec peine. Voilà cependant le travail que s'imposent ceux qui veulent déchiffrer de la Musique en nommant les notes par leur nom. Car, l'inspection de la seule position de deux notes, la tonique une fois connue, suffit pour donner une idée *juste* de l'intervalle qui existe entre elles, et le nom des notes qu'on va ensuite chercher péniblement, n'a plus d'autre effet que d'affaiblir cette idée, et de rendre l'intonation incertaine. Je donnerai, dans cet abrégé, plus de développemens sur cette matière, mais je crois devoir insister ici sur l'avantage que présente notre système musical de noter la Musique sur des lignes plus ou moins élevées, suivant que la voix monte à l'aigu ou descend au grave. Cette méthode qui *peint*, pour ainsi-dire, les

---

(1) Mon intention n'est pas, je le déclare, d'improuver la méthode d'enseignement du Conservatoire; je ne la connais pas, mais sa bonté est suffisamment démontrée par le mérite des élèves qu'elle a produits. Au reste, une institution semblable ne peut avoir que des effets très-circonscrits, et ce n'est qu'avec le temps que son influence peut être sensible sur une population nombreuse.

sons, est le seul bien qu'on ait su conserver du système de *Guy d'Arezzo*, et reculera toujours l'adoption de celle proposée par *Rousseau*, malgré les grands avantages que présentait cette dernière, pour l'étude de la Musique. C'est cette propriété de représenter à l'œil, toujours d'une manière invariable, les intervalles de *tierce, quarte, quinte* et les autres plus étendus ou plus rapprochés, suivant leur degré plus ou moins grand d'éloignement qui fait la base de la méthode que je propose, et, j'ose le dire, cette méthode est d'un effet si sûr et si prompt qu'elle peut mettre un élève qui s'attachera à la bien concevoir et pratiquer, s'il a la voix juste et s'il n'est pas totalement dépourvu d'intelligence, dans le cas de déchifrer en très-peu de temps la Musique la plus difficile, dans toute espèce de tons et de clefs; elle repose en outre sur des principes si simples, qu'il est impossible de les oublier, ce que je ne crains point d'avancer, l'expérience ayant pleinement justifié mon attente.

Je me suis attaché dans cet Ouvrage (1) à être clair et précis; mais je n'ai pas fait difficulté de répéter deux ou trois fois ce que je croyais nécessaire de graver profondément dans la mémoire des élèves. Au reste, le prix le plus doux que j'aimerais à retirer de mon travail serait de voir la Musique remontée au rang qu'elle mérite d'occuper dans les Institutions sociales, mise par l'extrême simplicité de ses principes à la portée de toutes les classes et de tous les esprits, et le Français, si heureusement né pour le chant, rivaliser par le goût, la justesse et l'aplomb, avec les peuples qu'il a su vaincre de tant d'autres manières.

---

(1) Cet Ouvrage ne fut pas dans le principe destiné à l'impression; l'absence de tous livres véritablement élémentaires sur cette matière, le desir d'être utile à mes Concitoyens, m'ont déterminé à le publier. J'invite les élèves à passer à la première lecture, les choses qu'ils auraient quelque peine à comprendre, une seconde lecture faite avec réflexion applanira pour eux toutes les difficultés; j'ai employé à ce dessein un plus gros caractère pour les *Règles fondamentales de la Musique*. Je sollicite enfin l'indulgence de mes lecteurs pour les obscurités qui, malgré mes efforts, pourraient encore se trouver dans cet Abrégé; j'ai cru devoir sacrifier de plus grands développemens à la précision, mérite si essentiel dans un Ouvrage élémentaire.

PRINCIPES
ABRÉGÉS ET RAISONNÉS DE MUSIQUE.

La Musique est l'art des sons combinés d'une manière agréable à l'oreille, et réglés par la mesure.

Des expériences, prises dans la nature, ont fait trouver, *à très-peu de chose près* (1), la succession des tons, telle que nous l'avons dans la *Gamme majeure*; l'oreille et le calcul ont rectifié ce qui semblait imparfait à cet égard.

Il n'est personne qui n'ait remarqué qu'en suivant l'ordre naturel des sons, le 8.ᵉ est exactement la répétition du premier, mais plus aigue ou plus grave, suivant que la voix monte ou descend. On appelle *octave* le 8.ᵉ son, ou même la suite des sons compris entre le 1.ᵉʳ et le 8.ᵉ

Ainsi une octave présente une série de 8 sons dans l'ordre naturel: deux octaves en comprennent quinze; ainsi du reste.

(1.) Une corde montée au grave, celle d'un violoncelle, par exemple, d'un piano ou d'une guitare dans les basses, a la propriété de faire résonner en même temps sa quinte (et sa tierce mais plus faible). En suivant cette expérience, la corde *fa*, je suppose, nous a donné l'*ut*; l'*ut* nous a donné le *sol*, et de suite *ré, la, mi, si*, toutes notes à la quinte les unes des autres, et dans lesquelles on reconnaît les 7 notes de la gamme diatonique; ensuite, en poussant plus loin l'examen, *fa* ✕ *ut* ✕ *sol* ✕ *ré* ✕ *la* ✕ *mi* ✕ et *si* ✕ pour les demi-tons par dièzes ou bémols, *mi* ✕ et *si* ✕ revenant à peu près à *fa* et *ut*.

Toute la difficulté de la Musique consiste à savoir apprécier les différens intervalles compris dans une octave. Or, comme l'octave peut se diviser en douze demi-tons égaux, il s'agit seulement de connaître douze intervalles.

Encore parmi ceux-là en avez-vous de très-faciles à saisir, tels que la *quinte*, la *tierce*, la *quarte*, la *seconde*, etc. ; je les nomme par l'ordre de leur facilité. On s'étonnera de voir l'intervalle de *quinte* et de *tierce* en première ligne ; mais, quand on saura que, par une singularité remarquable, c'est la réunion de ces deux sons avec la tonique qui forme l'accord le plus agréable à l'oreille, on comprendra que la voix doit se porter facilement vers les sons qui s'allient le plus naturellement. Expliquer la raison de ces rapports étonnans, des consonances et des dissonances qui en résultent, c'est un problème qu'il est difficile de résoudre ; mais ils existent, et c'est leur emploi habilement ménagé qui fait le charme de la *mélodie* et de l'*harmonie*.

On entend par *mélodie*, l'art de faire suivre les *sons* dans un ordre agréable : un air est *mélodieux ;*
Par *harmonie*, l'art de combiner les *sons*, de manière à produire une série d'*accords* qui plaise à l'oreille : un chœur, un accompagnement est *harmonieux*.

La mesure, qui est absolument essentielle à la Musique, est une chose purement mécanique. En s'habituant à l'observer exactement dès le principe, on réussit bientôt à la posséder parfaitement.

Voilà en quoi consistent les plus grandes difficultés de la Musique : d'où il est facile de conclure que les règles doivent en être extrêmement simples, et que si elle est devenue un art difficile, ce n'est pas la faute de la Musique en elle-même, mais celle de la méthode employée généralement pour l'enseigner.

DIVISION DE LA MUSIQUE.

Il y a deux choses essentielles à observer dans l'étude de la Musique, l'Intonation *et la* Mesure.

L'Intonation consiste à porter sa voix d'une manière assurée d'un ton à un autre ; à rendre sensibles par le chant ou l'exécution les différens intervalles que présente une gamme, un air quelconque.

Il est bon d'observer que les intervalles au-delà de l'octave ne doivent pas plus embarrasser que ceux renfermés dans les bornes de l'octave, par la propriété qu'ont les sons de se répéter d'octave en octave dans un ordre absolument semblable. Ainsi, le *douzième son*, en partant d'une note quelconque et en montant *diatoniquement*, n'est que la *quinte de l'octave*, ou l'octave de la quinte, et se trouve ainsi assimilé à un intervalle compris dans l'octave ; ainsi des autres.

La marche *diatonique* suit l'ordre naturel des sons, et divise l'octave, comme nous l'avons déjà vu, en 8 degrés.

La marche *chromatique*, au contraire, procède par demi-tons, et divise l'octave en 12 degrés.

La *Mesure* peut être considérée sous deux points de vue :
1.° Comme déterminant l'espace de temps que doit durer une note quelconque, autrement, sa valeur ;

2.° Comme divisant un morceau de musique en un certain nombre d'intervalles égaux pour la durée.

Ce qui tient toujours au même principe, l'observation de la mesure périodique se rattachant à l'observation de la valeur des notes; car chaque Mesure d'un morceau doit comprendre un certain nombre de notes correspondantes ensemble pour la valeur.

Pour éclaircir cette définition, et l'expliquer d'une manière palpable, supposons que la note la plus courte en durée remplisse l'espace d'une seconde, et qu'il en faille 8 pour completter ce qu'on appelle une Mesure; la Mesure devant revenir périodiquement de 8 en 8 secondes, chaque Mesure sera toujours composée, ou de 8 notes valant chacune une seconde, ou de 4 valant chacune 2 secondes, ou de 2 valant 4 secondes, ou d'une valant seule 8 secondes, etc. Il en est absolument de même dans la Musique : la durée d'une note quelconque, d'une noire, d'une blanche, n'est pas à la vérité fixée; mais du moment que vous lui assignez telle valeur, cette valeur détermine celle de toutes les autres.

DE L'INTONATION.

Analyse de l'Octave.

En partant d'une note, d'un son quelconque pris arbitrairement, et en suivant l'*ordre naturel* des sons, on trouve 8 sons représentés par 8 notes différentes, connues dans la gamme par les noms de *ut, ré, mi, fa, sol, la, si, ut octave.*
$\quad\quad\quad\quad\quad$ 1, 2, 3, 4, 5, 6, 7, 8.

Cette progression diatonique est la *Gamme majeure*; les 8 sons sont les 8 degrés de l'*octave* dont le nom exprime assez le nombre de degrés dont elle est invariablement composée; le 8.° son est exactement la répétition, mais plus aiguë, du premier, et le 1.er degré d'une gamme absolument semblable; *ut* ou le 1.er degré prend toujours le nom de *Tonique*, comme servant à indiquer le *ton*, c'est-à-dire, le degré d'élévation de la voix que l'on a pris pour base de cette progression.

Nous allons nous occuper des différens intervalles qui en résultent.

DES INTERVALLES.

Nous appelerons *intervalles du premier ordre*, ceux qui sont compris entre *la tonique* et son *octave*, à partir de la tonique ;

— *Du deuxième ordre*, ceux qui sans prendre naissance à la tonique, sont néanmoins compris dans les bornes de l'octave et dérivent de la gamme naturelle ;

— Et du *troisième ordre*, ceux qui compris dans les bornes d'une octave, ont besoin, pour exister, de l'apposition d'un signe accidentel, tel que *dièze* ou *bémol*, et pour cette raison s'écartent de la marche diatonique, qui est la marche naturelle. Nous ne ferons mention de ces intervalles qu'à l'article de la *gamme mineure* à laquelle ils appartiennent ordinairement, et après avoir vu l'explication du *dièze* et du *bémol*.

Intervalles du premier ordre.

Ut, la première note, se nomme autrement *la tonique*.

L'intervalle de la 1.ère à la seconde (d'*ut* à *ré*) seconde majeure.
— de la 1.ère à la 3.e (d'*ut* à *mi*) tierce majeure.
— de la 1.ère à la 4.e (d'*ut* à *fa*) quarte.
— de la 1.ère à la 5.e (d'*ut* à *sol*) quinte.
— de la 1.ère à la 6.e (d'*ut* à *la*) sixte majeure.
— de la 1.ère à la 7.e (d'*ut* à *si*) septième majeure ou note sensible.
— de la 1.ère à la 8.e (d'*ut* à *ut*) octave.

Pour peu qu'on y fasse attention, on remarquera que l'intervalle d'*ut* à *mi* (tierce majeure), d'*ut* à *fa* (quarte), d'*ut* à *sol* (quinte), etc. reviennent à chaque instant dans la Musique, et sont pour cela très-faciles à saisir (1).

___

(1) La première intonation de l'Air : *Ah! vous dirai-je, maman*, donne la *quinte*.
La première de l'Air : *Peuple Français*, donne la *quarte*.
La première de l'Air : *Malbrouck*, etc. donne la *tierce majeure*.
C'est une méthode sûre et facile pour se graver promptement dans la mémoire les différens intervalles, que de les observer et de les étudier dans les airs les plus connus.

Avant de passer à l'examen des autres intervalles, nous observerons que la succession des sons, telle que la nature nous la donne, ne présente pas une suite d'intervalles égaux : l'intervalle de *mi* à *fa*, ou du 3.ᵉ au 4.ᵉ degré de la gamme montante, n'est pas aussi grand que les autres; en le comparant à l'intervalle d'*ut* à *ré*, de *ré* à *mi*, on remarque qu'il n'est environ que la moitié un peu forte de chacun de ces deux intervalles; on l'appelle pour cela *demi-ton majeur*.

L'intervalle de *si* à *ut*, ou du 7.ᵉ au 8.ᵉ degré, suit la même exception; les autres intervalles de la *gamme diatonique* sont d'un ton. Ainsi, nous aurons pour la valeur des intervalles simples de l'*octave*, cette progression:

$$1 \text{ ton}, 1 \text{ ton}, \tfrac{1}{2} \text{ ton}, 1 \text{ ton}, 1 \text{ ton}, 1 \text{ ton}, \tfrac{1}{2} \text{ ton},$$
$$ut - ré - mi - fa - sol - la - si - ut.$$

Où l'on voit qu'une octave est composée de 5 *tons* entiers et de deux *demi-tons majeurs*.

Sur le piano et les instrumens à clavier, on n'observe pas cette différence des demi-tons majeurs et des demi-tons mineurs (1); l'octave est divisée simplement en douze demi-tons égaux, et cette légère altération de quelques intervalles, que l'on nomme *tempérament*, rend l'instrument susceptible de se prêter à des modulations dans toutes sortes de tons. Nous considérerons aussi l'octave comme divisée en 12 demi-tons égaux, attendu que la différence qu'il y a de cette division à celle donnée par la nature, est si faible, qu'elle est à peine sentie par les oreilles les plus délicates, et qu'elle est beaucoup plus commode pour l'étude de la Musique.

Cet ordre que nous avons observé plus haut,

$$1 \text{ ton}, 1 \text{ ton}, \tfrac{1}{2} \text{ ton}, 1 \text{ ton}, 1 \text{ ton}, 1 \text{ ton}, \tfrac{1}{2} \text{ ton},$$

est l'ordre de toutes les gammes majeures dans tous les tons possibles; c'est le système sur lequel est fondée notre Musique; tout air qui s'écarterait de cette proportion serait vicieux, et il est indispensable qu'il finisse par la 1.ʳᵉ note de la gamme que nous avons nommée *la tonique*, et que nous regardons comme la base, ou le 1.ᵉʳ degré de l'*échelle diatonique*.

---

(1) Un ton se divise en deux demi-tons, l'un *majeur* et l'autre *mineur*; le premier semblable à l'intervalle de *mi* à *fa*, le 2.ᵉ plus faible. D'où il résulte que l'octave divisée en demi-tons, présenterait 7 demi-tons majeurs contre 5 mineurs. Le tempérament rend tous ces demi-tons égaux.

Nous allons revenir sur les intervalles que nous avons déjà vus, pour en connaître la valeur, et nous examinerons ensuite les autres intervalles compris dans l'octave.

L'intervalle d'*Ut* à *ré*, ou de *seconde majeure* est suivant l'ordre établi, d'un *ton*.

—— d'*Ut* à *mi*, ou de *tierce majeure*,   de 2 *tons*.
—— d'*Ut* à *fa*, ou de *quarte*,   de 2 *tons* $\frac{1}{2}$.
—— d'*Ut* à *sol*, ou de *quinte*,   de 3 *tons* $\frac{1}{2}$.
—— d'*Ut* à *la*, ou de *sixte majeure*,   de 4 *tons* $\frac{1}{2}$.
—— d'*Ut* à *si*, ou 7.ᵉ *majeure*,   de 5 *tons* $\frac{1}{2}$.
—— d'*Ut* à *ut*, octave,   de 5 *tons* et 2 *demi-tons*.

Réciproquement tout intervalle d'un *ton* est une *seconde majeure*.
—— de 2 *tons* —— une *tierce majeure*.
—— de 2 *tons* $\frac{1}{2}$ —— une *quarte*.
—— de 3 *tons* $\frac{1}{2}$ —— une *quinte*, etc.

Exercice sur les intervalles ci-dessus.

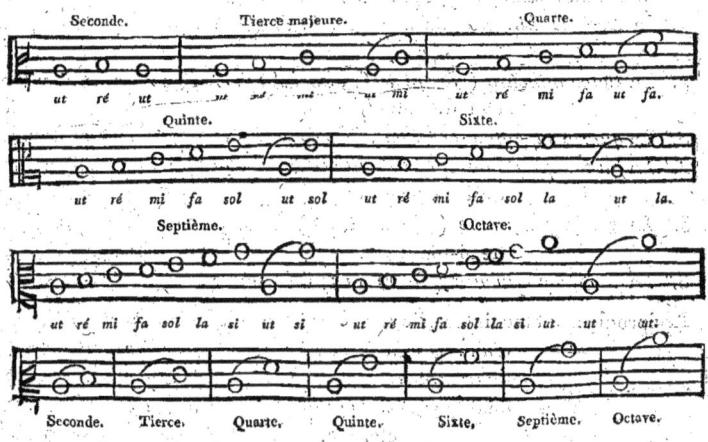

Vous remarquerez que lorsque *ut* ou *la tonique* se trouve sur une ligne, la *tierce*, la *quinte* et la *septième*, se trouvent sur des lignes; la *seconde*, la *quarte*, la *sixte* et l'*octave* se trouvent au contraire entre des lignes, et réciproquement. Un peu d'usage apprendra à distinguer les intervalles d'après la position des notes.

J'avertis que tous les intervalles que nous considérons dans cet abrégé sont censés du grave à l'aigu, c'est-à-dire, en montant; ainsi, *ut, si,* n'est point regardé comme un intervalle de seconde, mais comme un intervalle de septième. J'ai adopté cette marche, seulement pour éviter l'ambiguité; car il est essentiel que l'élève s'exerce également sur la *gamme ascendante* et *descendante*: conséquemment, *ut si*, *ut la*, dans une gamme descendante lui représenteront une *seconde* et une *tierce mineure*, et l'examen de la gamme en descendant d'*ut* à *ut*, lui offrira pareillement, à l'exception de deux, les intervalles que nous allons considérer comme appartenant au second ordre.

Intervalles du second ordre.

Ils sont au nombre de six, savoir:

1.° La *seconde mineure* (de *mi* à *fa*, de *si* à *ut*) composée d'un demi-ton majeur;
2.° La *tierce mineure* (de *ré* à *fa*, de *la* à *ut* etc.) composée d'un ton et 1 demi-ton;
3.° La *quarte superflue* ou *triton*, (de *fa* à *si*) composée de trois tons;
4.° La *fausse quinte* ou *quinte diminuée* (de *si* à *fa*) composée de 2 tons et deux demi-tons;
5.° La *sixième mineure* (de *mi* à *ut*) composée de 3 tons et deux demi-tons;
6.° La *septième mineure* (de *ré* à *ut*) de 4 tons et deux demi-tons.

Réciproquement tout intervalle d'un *demi-ton* est une *seconde mineure*.
───── d'un *ton* et d'un *demi-ton* une *tierce mineure*.
───── de *trois tons* une *quarte superflue*.
───── de 3 *tons* et 2 *demi-tons* une *sixième mineure*.
etc. etc.

Cette règle est sans exception ; mais il faut faire attention que les demi-tons naturels (du 3.e au 4.e degré, du 7.e au 8.e) se comptent toujours séparément pour un degré comme les tons entiers ; que les intervalles qui comprendront le même nombre de demi-tons, en divisant de cette manière les tons entiers, différeront par le nombre de degrés dont ils sont composés ; que la *quarte superflue* qui renferme 3 *tons* n'est pas la même chose que la *fausse quinte* qui contient le même nombre de demi-tons, c'est-à-dire, 2 tons et 2 demi-tons, la première étant composée de 4 degrés, et la seconde de cinq ; que ce serait une faute grossière de dire que l'octave est composée de 6 tons, ce qui ne suppose que 7 degrés, au lieu de 5 tons et 2 demi-tons ; que 2 secondes mineures de suite ne formeront pas une seconde majeure, mais une *tierce diminuée*, intervalle qui, ainsi que quelques autres du 3.e ordre, ne peut exister sans l'apposition d'un signe accidentel, *dièze* ou *bémol*.

Il est donc essentiel de ne pas confondre le mot *degré* avec le terme *ton* ou *demi-ton*. On peut diviser un ton en deux demi-tons, on ne peut pas diviser un ton en deux degrés. Un degré peut être d'un demi-ton, d'un ton (d'un ton et demi même, intervalle que nous verrons ci-après sous le nom de *seconde superflue*) ; mais ce qu'il acquerra en sus de sa valeur naturelle devra être retranché d'un autre, et l'*octave*, c'est-à-dire, l'intervalle compris entre un son et sa replique à l'aigu ou au grave, doit toujours être composée de ses *huit degrés*, quelque altération qu'ils aient pu souffrir particulièrement.

Exercice sur les intervalles du 2.e ordre.

On voit par les trois derniers exemples, qu'il se trouve dans les intervalles du second ordre, des intervalles qui appartiennent également au premier. *Fa la*, *sol si* sont des tierces majeures; toutes les quartes et les quintes sont justes, à l'exception de la quarte superflue *fa si* et de la fausse quinte *si fa*.

Il est facile, il est même essentiel de pousser plus loin cet examen; c'est en observant l'*octave* dans toutes ses modifications, que l'on apprend à connaître tous les intervalles qu'elle renferme, et par rapport à leur valeur intrinsèque, et par rapport à leur position dans l'échelle *diatonique*.

Cette étude qui mène à la connaissance de l'enchaînement des modulations dans différens tons, est bien peu de chose en vérité, puisqu'elle repose sur un nombre d'intervalles très-circonscrit, et dont la connaissance est si facile à acquérir.

Renversement des Intervalles.

On appelle un *intervalle renversé*, celui dont on transporte le son grave à son octave supérieure, ou l'aigu à son octave inférieure; le nom des notes ne change pas, et est seulement transposé.

Exemple: *ut mi* (tierce majeure), donne par son renversement *mi ut* (sixte mineure).

Voici les Intervalles *principaux avec leur renversement.*

La *seconde mineure*	donne	la *septième majeure.*
La *seconde majeure*	———	la *septième mineure.*
La *tierce mineure*	———	la *sixte majeure.*
La *tierce majeure*	———	la *sixte mineure.*
La *quarte*	———	la *quinte.*
La *quarte superflue*	———	la *fausse quinte.*
	Et réciproquement	
La *fausse quinte*	donne	la *quarte superflue.*
La *quinte*	———	la *quarte.*
La *sixte mineure*	———	la *tierce majeure.*
La *sixte majeure*	———	la *tierce mineure.*
La *septième mineure*	———	la *seconde majeure.*
La *septième majeure*	———	la *seconde mineure.*
L'*octave*	———	l'*octave.*

Ceci, loin d'embarasser, sert au contraire à faire appercevoir les rapports de plusieurs intervalles, entre lesquels on ne soupçonnait aucune analogie.

Une *sixte* n'est autre chose qu'une *tierce renversée*, et réciproquement.
Une *quarte* ——— qu'une *quinte renversée*, et réciproquement.
Une *septième* ——— qu'une *seconde renversée*, et réciproquement.

Je dirai quelques mots en passant de l'usage où l'on est d'obliger les commençans à *solfier* dans tous les tons, et dans toutes les clefs, en appelant les notes par leur nom, sous prétexte de leur faire apprendre la Musique à fond: usage qui fait une étude si pénible de la plus agréable de toutes les sciences. L'écolier perd dix fois plus de temps à trouver le nom d'une note dans une clef qui ne lui est pas familière, qu'il n'en mettrait à trouver l'intonation, que la position de la note indique dans toutes les clefs possibles ; et à quoi bon assigner à une note un nom qui ne donne à l'esprit aucune idée de sa valeur? L'intervalle d'*ut* à *sol* peut, avec les signes accidentels, présenter 6 ou 7 intervalles différens; qui apprendra à saisir le véritable ? Ce n'est pas ainsi que pensait un célèbre maître Italien, (1) qui, voyant son élève embarassé pour trouver le nom d'une note : Appelez-la *Diable*, si vous voulez, lui dit-il, mais faites l'intonation. *Chiamate la Diavolo, se vi piace, ma intonatela.*

Qu'ils sont simples en comparaison ces rapports que nous désignons par leur vrai nom de *quinte, quarte*, etc., rapports toujours les mêmes dans tous les temps, dans toutes les clefs, toujours faciles à saisir par la position des notes entre elles et relativement à la *tonique?*

Mais, dira-t-on, comment appellerez-vous ces notes que vous désignez par les noms de *tierce, quinte*, etc. ? Quels mots mettrez-vous à la place de ces noms *ut, ré, mi*, etc. ? Les paroles de l'air que vous avez à chanter, s'il y en a, et vous allez droit au but, sans faire un détour incommode ; car il faudrait bien, même en suivant votre méthode, abandonner ensuite ces noms insignifians, dont vous vous êtes chargé gratuitement la mémoire, pour y substituer les paroles véritables. S'il n'y en a pas, faites comme lorsque vous chantez un air dont vous avez oublié les paroles, et alors, certes, il ne vous prend pas la fantaisie de leur substituer le nom des notes de la Gamme.

Mais qui vous guidera dans ces intervalles, lorsque vous cessez d'avoir égard au nom des notes ? La *tonique*, que vous ne devez jamais perdre de vue, à laquelle vous devez les rapporter tous en idée, et qui doit toujours être tellement présente à votre pensée que, si dans le courant d'un air, on venait à vous la demander, vous puissiez la représenter sur-le-champ. On sent qu'il faut beaucoup d'exercice pour acquérir cette facilité ; mais c'est la plus grande, presque la seule difficulté réelle de la Musique.

---

(1) GAETAN GRECO.

DES CLEFS.

On compte trois sortes de clefs qui se posent sur différentes lignes, la clef de *Sol*, la clef d'*Ut* et la clef de *Fa* : la clef de *sol* posée sur une ligne, donne le nom de *sol* à toutes les notes posées sur la même ligne ; ainsi des autres.

La clef de *Sol* se pose sur la 1.ere et la 2.e ligne en commençant par le bas.

La clef d'*Ut* se pose sur la 1.ere, la 2.e, la 3.e et la 4.^e

La clef de *Fa* se pose sur la 3.e et la 4.e, *Exemple* :

Clef de *sol*, 2 positions.   Clef d'*ut*, 4 positions.   Clef de *fa*, 2 positions.

La clef de *sol* sert pour les voix de femmes, violons, flûtes, etc.

La clef d'*ut* sert pour les voix d'hommes (taille et haute-contre), altos, etc.

La clef de *fa* sert pour les voix graves, et pour les bassons, violoncelles, etc.

Il n'est pas inutile d'observer que la note qui est *sol* par la première position de la clef de *sol*, devient successivement par les diverses positions

(14)

de ces trois différentes clefs, *sol*, *mi*, *ut*, *la*, *fa*, *ré*, *si*, *sol*, en baissant toujours de tierce en tierce jusqu'à la double octave du 1.er son, ce qui nécessiterait de la part de l'élève une mémoire prodigieuse, s'il voulait apprendre à nommer les notes dans toutes les clefs; et à quoi lui servirait encore cette connaissance péniblement acquise, si le nom des notes ne peut lui donner que des idées fausses sur les intervalles, à cause des signes qui se placent à la clef, et dont nous allons voir l'effet.

DU DIÈZE, DU BÉMOL ET DU BÉQUARRE.

Le *Dièze* (✕) est un signe au moyen duquel la note qu'il précède doit être rehaussée d'un *demi-ton (mineur)*.

Le *Bémol* (♭) est un signe au moyen duquel la note qui le suit doit être baissée d'un *demi-ton (mineur)*.

Le *Béquarre* (♮) remet la note dans son état naturel.

Placés à la clef leur effet a lieu à l'égard de toutes les notes placées sur la même ligne.

Ainsi, dans l'exemple 1.er, tous les *fa* et les *ut* doivent être *diézés*; dans l'exemple 2, tous les *si* et les *mi* doivent être *bémolisés*.

Placés dans le courant d'un morceau, leur effet n'a lieu que pour l'étendue de la mesure dans laquelle ils sont placés; dans tous les cas, il est détruit accidentellement par le *béquarre*.

Emploi de ces Signes pour les différens Tons.

Nous avons vu que la *Gamme majeure*, telle que nous l'avons expliquée au chapitre de l'intonation, devait être la même pour tous les tons possibles, c'est-à-dire, qu'elle devait toujours présenter cette succession du 1.er au 8.e degré, 1.¹ ton 2.¹ ton 3.¹/² ton 4.¹ ton 5.¹ ton 6.¹ ton 7.¹/² ton 8.

Cette Gamme, dans l'ordre naturel, est représentée par les notes *ut*, *ré*, *mi*, *fa*, *sol*, *la*, *si*, *ut* octave; ainsi, quand il n'y a ni dièzes, ni bémols à la clef, aucun de ces intervalles n'est altéré, et *ut* est infailliblement la tonique (ou *la*, son relatif mineur), et réciproquement, si vous voulez chanter en *ut* majeur, vous n'avez besoin d'aucun signe.

Si pourtant, ce ton paraît peu convenable à votre voix, et que vous vouliez chanter en *ré majeur*, c'est-à-dire, rehausser d'un ton la Gamme majeure que vous donne en partant d'*ut* tonique l'ordre naturel des sons, vous trouverez quelques obstacles; les intervalles ne se trouvent plus disposés convenablement; vous êtes obligé d'en altérer quelques-uns, pour représenter la succession établie plus haut; *Exemple:*

Progression des Sons dans l'ordre naturel.

1.　2.　3.　4.　5.　6.　7.　8.　9.　10.
　¹ ton.　¹ ton.　¹/² ton.　¹ ton.　¹ ton.　¹ ton.　¹/² ton.　¹ ton.　¹ ton.
ut.　*ré.*　*mi.*　*fa.*　*sol.*　*la.*　*si.*　*ut.*　*ré.*　*mi.*
1.　2.　3.　4.　5.　6.　7.　8.

Prenant *ré* pour *tonique* de votre nouvelle Gamme, l'intervalle du 3.e au 4.e degré qui devait être d'un *demi-ton*, se trouve être d'un *ton entier*, ainsi que l'intervalle du 7.e au 8.e; vous changez cet ordre qui est contraire à la marche de la Gamme majeure; vous mettez un dièze devant le *fa* et l'*ut*, et votre progression se trouve ainsi corrigée.

Ré ¹ ton. mi ¹ ton. fa × ¹/² ton. sol ¹ ton. la ¹ ton. si ¹ ton. ut × ¹/² ton. ré octave.

Donc, en mettant à la clef un dièze sur la ligne des *fa*, et un autre sur celle des *ut*, votre Gamme se trouve rehaussée d'un ton, et votre *tonique* est infailliblement *ré*, mode majeur (ou *si*, son relatif mineur); car telle est la position des 2 demi-tons dans la Gamme majeure diatonique, qu'en partant de la seconde, de la tierce, etc., on ne saurait trouver une progression de 8 degrés parfaitement semblable à celle qu'on trouve en partant de la tonique; il y a des rapports plus ou moins grands; une progression de 8 degrés en partant de la quarte ou de la quinte, par exemple, n'aurait besoin, pour être semblable à celle de la Gamme majeure, que de l'altération d'un intervalle. En général, plus ces progressions sont rapprochées de la progression naturelle, moins il faut de signes à la clef.

L'emploi des *bémols* est absolument le même que celui des *dièzes*.

Un seul bémol placé à la clef, sur la ligne des *si*, transporte à la quarte d'*ut* la Gamme majeure, dont le *fa* devient alors la *tonique*.

Le ton majeur qui nécessite le moins de dièzes à la clef, est le ton de *sol* qui veut un dièze sur le *fa*: Ex.

Vient ensuite le ton de *ré* qui prend *fa* et *ut* ✗
le ton de *la* qui prend *fa*, *ut* et *sol* ✗
etc. ordre dans lequel on voit que les dièzes sont placés de *quinte* en *quinte* en montant, ainsi que les tons majeurs qui leur correspondent.

Ordre pour la position des dièzes; { *Fa*, *ut*, *sol*, *ré*, *la*, *mi*, *si*.
Ordre des tons qui leur correspondent. { *Sol*, *ré*, *la*, *mi*, *si*, *fa* ✗ *ut* ✗

Renversez ces deux progressions qui ne sont réellement que la même, vous aurez l'ordre des tons majeurs avec des bémols à la clef.

Ordre pour la position des bémols, { *Si*, *mi*, *la*, *ré*, *sol*, *ut*, *fa*.
Ordre des tons qui leur correspondent. { *Fa*, *si* b, *mi* b, *la* b, *ré* b, *sol* b, *ut* b.

On remarquera que ces nouvelles progressions sont de *quarte* en *quarte* en montant ; ce qui est tout simple, le renversement de la *quinte* produisant la *quarte*.

EXEMPLE *sur les tons produits par la position des Diëzes et des Bémols.*

sol   re   la   mi   si   fa   ut ✗

fa   si ♭   mi ♭   la ♭   ré ♭   sol ♭   ut ♭

Il est une méthode simple pour trouver le ton majeur, Savoir : Avec des dièzes, un degré au-dessus du dernier dièze ;

Ex. *fa ut* ✗ donnent *ré* majeur ; *fa ut sol* ✗ donnent *la*.

Avec des bémols, 4 degrés au-dessous du dernier bémol, ou mieux, la note de l'avant dernier bémol ;

Ex. *si mi* ♭ donnent *si* ♭ majeur ; *si mi la ré* ♭ donnent *la* ♭ majeur.

L'emploi de ces signes à la clef n'a donc d'autre objet que de hausser ou de baisser d'un demi, d'un, ou de plusieurs degrés, suivant l'intention du Musicien, la Gamme majeure naturelle ; *ut* cessant d'être la tonique, du moment qu'il y a un signe quelconque à la clef. Ayant donc une méthode sûre pour trouver cette tonique, vous la remarquez avec attention et elle devient votre guide invariable, sans que le nom des notes doive vous arrêter dans quelque clef que vous vous trouviez.

DU MODE MAJEUR ET DU MODE MINEUR.

On distingue 2 sortes de *Modes*,
Le Mode *Majeur*, et le Mode *Mineur*;
Le Mode *Majeur* est l'ordre naturel des sons, tel que nous l'avons déjà vu, représenté par les mots

   1 ton 1 ton ½ ton 1 ton 1 ton 1 ton ½ ton
  Ut, ré, mi, fa, sol, la, si, ut.

Le Mode *Mineur* est la même progression naturelle, prise deux degrés au-dessous;

  1 ton ½ ton 1 ton 1 ton ½ ton 1 ton 1 ton
  La, si, ut, ré, mi, fa, sol, la.

Ordre dans lequel on trouve, comme dans le 1.er, la seconde majeure, la quarte et la quinte justes, mais où la tierce, la sixte ou la septième diffèrent essentiellement, étant *mineures* dans le mode mineur, et *majeures* dans le mode majeur. C'est cette différence qui forme le caractère de chaque mode, le *majeur* par ses intervalles plus étendus étant plus de nature à peindre la joie, la colère, les passions fortes; le *mineur* par ses intervalles plus affaiblis étant plus propre à la douleur, à la plainte et à la mélancolie.

Cependant comme il est de règle que l'intervalle de la 7.e à l'octave lorsqu'elles se suivent immédiatement (dans cette occasion la 7.e prend le nom de *note sensible*, comme faisant pressentir la tonique) ne soit que d'un demi-ton, ainsi qu'il a lieu dans le mode *majeur*; que cette obligation nécessite souvent l'altération de la 7.e et même de la sixte que l'on fait majeures, sur-tout en montant, c'est particulièrement à la *tierce* que l'on connaît la différence des deux modes.

Un ton majeur quelconque doit avoir essentiellement la première *tierce majeure*.
Un ton mineur doit avoir la première *tierce mineure*.

Le mode majeur d'*ut* offrant 2 degrés au-dessous de la tonique, la progression du mode mineur naturel de *la*, il en résulte que

Dans tous les tons majeurs quelconques, deux degrés au-dessous de la tonique, on trouvera une progression en mode mineur, avec les mêmes signes à la clef.

Ainsi, la Gamme de *Ré majeur* donnera en descendant, d'une tierce ou de deux degrés la Gamme de *Si mineur*. Ce rapport entre le ton *majeur* et le ton *mineur* pris 2 degrés au-dessous, les fait nommer *relatifs* l'un de l'autre: *La mineur* est le relatif d'*Ut majeur*; *Ré majeur* a *si* pour relatif mineur.

TABLE des Tons majeurs avec leurs relatifs mineurs.

Les autres sont à peu près hors d'usage.

En examinant la différence des signes placés à la clef pour *la majeur* et *la mineur*, pour *ut majeur* et *ut mineur*; on peut en conclure comme règle générale, que pour passer du mode *majeur* au mode *mineur* dans le même ton, il suffit de retrancher trois dièzes ou d'ajouter trois bémols ; et le contraire pour passer du mode *mineur* au mode *majeur ;* la soustraction d'un dièze équivalant à l'addition d'un bémol, et réciproquement. Exemple : *sol majeur* n'a qu'un dièze à la clef ; pour passer en *sol mineur*, il faut retrancher le dièze et ajouter 2 bémols, etc.

Intervalles du 3.ᵉ Ordre.

Le mode mineur donne naissance à plusieurs *intervalles superflus* et *diminués*, qui ne se trouvent pas dans la progression naturelle. Ces intervalles résultent des signes qui y sont placés accidentellement, sur-tout devant la sixte et la septième. Ils se trouvent quelquefois cependant dans un air en mode majeur, mais ils appartiennent généralement à une modulation mineure, étant plaintifs de leur nature, et propres à exprimer des sentimens douloureux ou déchirans, ce qui est le caractère distinctif du *mode mineur*.

LES VOICI.

1.° La seconde superflue (1 *ton* $\frac{1}{2}$) de la sixte mineure à la septième majeure ou note sensible (*fa sol* x).

2.° La septième diminuée (3 *tons* et 3 *demi-tons*) renversement de la seconde superflue, de la 7.ᵉ majeure à la sixte mineure en montant, (*sol* x *fa*).

3.° La tierce diminuée (de 2 *demi-tons majeurs*) de *si* à *ré b*, ou de *mi* à *sol b*.

4.° La sixte superflue (de 5 *tons*) renversement de la tierce diminuée, de *sol b* à *mi ;* de *ré b* à *si*.

5.° La quarte diminuée (d'*un ton* et 2 *demi-tons*) de *si* à *mi b* ou de la note sensible à la tierce mineure.

6.° La quinte superflue (de 4 *tons*) renversement de la quarte diminuée, de *mi b* à *si*, ou de la tierce mineure à la septième majeure ou note sensible.

La *quarte superflue* et la *fausse quinte* son renversement sont dans la progression naturelle.

La *sixte diminuée* et la *tierce superflue* son renversement n'ont jamais lieu, ou très-rarement. Ils répondent pour le nombre de demi-tons à la *quinte et à la quarte*.

Ces intervalles sont difficiles à saisir; il faut pour y réussir se bien pénétrer du mode dans lequel on est, et, en cas d'embarras, recourir à la tonique à laquelle, étant comparés, ces intervalles perdent beaucoup de leur difficulté, la *seconde superflue* se reduisant, par exemple; à une *tierce majeure* affaiblie ensuite d'un demi-ton; la *septième diminuée*, faite à deux fois, présentant une *seconde mineure* et une *sixte mineure*, et ainsi de suite.

DES MODULATIONS.

On appelle ainsi dans le chant et dans l'harmonie, la transition d'un mode à un autre, d'un ton à un autre. Ce sont ces transitions faites avec intelligence qui répandent tant de charmes et de variété dans la mélodie; qui vous frappent quelquefois d'un sentiment de surprise ou de terreur inatendu, qui vous remplissent l'âme d'une multitude de sensations indéfinissables; qui, après avoir excité en vous la colère ou l'ardeur guerrière, vous ramènent insensiblement à des idées plus douces et plus riantes, quelquefois à la tristesse et au désespoir, à l'oubli des maux et au sommeil.

On sent que moins il y aura de signes accidentels à ajouter, plus le passage sera facile; la relation qui existe en un ton *majeur* et son *relatif mineur* le rend presque insensible; il est aussi très-aisé à opérer de la tonique en mode majeur, à la quarte ou à la quinte qui avec le secours d'un seul bémol ou d'un seul dièze accidentel, peuvent devenir à leur tour de nouvelles toniques en mode majeur; aussi ce sont-là les modulations les plus fréquentes; mais il est de règle générale de revenir toujours à la tonique primitive, autrement le chant paraîtrait imparfait, et il resterait à l'oreille quelque chose à desirer.

DE LA MESURE.

Si l'intonation a considéré la note sous le rapport du degré d'élévation où elle se trouve dans l'échelle des sons du grave à l'aigu, la *Mesure* la considère sous le rapport de sa durée. La Mesure comprend 1.° les valeurs des différentes notes et des silences qui leur correspondent.

2.° La Mesure proprement dite, toujours égale, quoique souvent composée de valeurs inégales entre elles.

Ces deux choses sont essentiellement liées l'une à l'autre, car la *Mesure* n'est qu'une suite de l'observation de la valeur des notes.

Valeur des notes.   *Silences qui leur correspondent.*

Une Ronde...   *Pause* valant une *Ronde* ou une mesure...

vaut 2 blanches...   *Demi-Pause* valant une *blanche* ou une demi-mesure

— 4 noires...   *Soupir* valant une *noire*...

— 8 croches... etc.   *Demi-Soupir* valant une *croche*...

— 16 doubl. croches etc.   *Quart de Soupir* valant une *double croche*...

— 32 tripl. croches etc.   *Demi-quart de Soupir* valant une *triple croche*...

C'est, comme on voit, la progression géométrique 1, 2, 4, 8, 16, 32. Ce rapport est facile à saisir.

Ainsi une noire vaut 4 doubles croches, deux croches etc.

Six doubles croches valent une noire et une croche, ou 3 croches etc.

La même règle est applicable aux silences, un soupir et un demi-soupir (𝄽 𝄾) équivalent à la durée d'une noire et d'une croche (♩♪) etc.

Il est inutile de s'étendre davantage sur cet article.

Le point (') placé aprés une note l'augmente de la moitié de sa valeur

Une blanche pointée vaut en durée une blanche et une noire, ou trois noires.

Une croche pointée vaut une croche et une double croche, ou trois doubles croches, etc.

Différentes sortes de Mesures.

Il y en a 3 espèces principales desquelles dérivent les autres, savoir :

1.° La *Mesure à 4 temps égaux*, dont le 1.ᵉʳ se frappe, et les 3 autres se marquent en l'air avec la main.

Elle est composée d'une noire pour chaque temps, ce qui fait pour la mesure complette *une ronde*, ou 2 blanches, ou 4 noires, ou 8 croches, etc. ou enfin tél nombre de notes qu'on voudra, pourvu que leurs valeurs réunies complettent celle de 4 noires. Elle se marque ainsi par un C. . . . .

2.° La *Mesure à deux temps égaux*, dont le 1.ᵉʳ se frappe et le second se marque en l'air avec la main. Elle contient

Ou 4 noires, 2 pour chaque temps, et se marque ainsi par un C barré. . . . .

(24)

(*Les 2/4 d'une ronde.*) Ou 2 noires, 1 noire pour chaque temps, et se nomme mesure à *deux quatre;* elle se marque ainsi. . . . .

(*Les 6/8 d'une ronde*) Ou 6 croches, 3 pour chaque temps; on la nomme mesure à *six huit;* elle se marque ainsi. . . . . .

3.° La *Mesure à trois temps égaux*, dont le 1.er est frappé et les deux autres levés. Elle contient

(*Les 9/8 d'une ronde*) Ou 3 noires pointées, ou neuf croches, 3 pour chaque temps; on la nomme mesure à *neuf huit;* elle se marque ainsi. . .

(*Les 3/4 d'une ronde*) Ou 3 noires, une noire pour chaque temps; on la nomme mesure à 3 temps, ou à *trois quatre;* elle se marque ainsi. . . . .

(*Les 3/8 d'une ronde*) Ou 3 croches, une croche pour chaque temps; on la nomme mesure à *trois huit;* elle se marque ainsi. . . . .

Les autres espèces de mesure sont hors d'usage.

Remarquez que ces différentes mesures sont toutes considérées par rapport à la *ronde* qui remplit seule une mesure de quatre temps.

Observez aussi que les temps étant égaux, les mesures sont toujours égales entre elles; que dans un morceau quelconque la valeur d'une mesure peut être remplie par 6, 8, 10, 12 notes, tandis que 2 ou 3 occuperont la seconde, qu'une seule peut-être remplira la troisième; qu'ainsi la durée d'une mesure surchargée de notes de différente valeur doit être la même que celle d'une mesure qui n'en offrira qu'une ou point du tout.

On doit dès le commencement se rendre esclave de la mesure; c'est une partie essentielle de la Musique; sans mesure, point d'ensemble, point d'harmonie. Un élève devrait, et je recommande cette pratique même aux Musiciens instruits qui n'ont pas assez pratiqué la mesure dès le principe, réduire les notes à leur plus petite expression lorsqu'elles présentent des valeurs différentes; et comme dans une division complexe on réduit les livres et sous en deniers, et les toises, pieds et pouces en lignes pour opérer sur des valeurs égales, de même dans une Musique compliquée qui offre alternativement des blanches, des noires, des croches et des doubles croches, en réduisant toutes les notes en doubles croches, j'ai une unité de mesure que je repartis suivant la valeur des notes, 2 pour chaque croche, et 4 pour chaque noire etc. et je viens à bout de comprendre les passages les plus difficiles. Cette méthode doit être suivie lentement dans l'origine. Elle offre un guide si sûr, qu'on fait avec elle de rapides progrès, et elle est utile particulièrement lorsqu'il se trouve des notes *syncopées*.

Des autres Signes et des Mots employés dans la Musique.

Le *coulé* sur deux ou plusieurs notes indique qu'elles doivent être liées ensemble.

— Sur deux notes à l'unisson, les réunit en une; c'est ce qu'on appelle *Syncope*. Quoique la syncope lie les deux notes ensemble, la seconde note syncopée doit être marquée par un renflement de son. Dans un mouvement lent, la syncope exprime parfaitement les sanglots d'une douleur profonde; dans un mouvement précipité, elle peint une respiration entrecoupée, l'agitation et les passions violentes.

Le *point* sur la note marque qu'elle doit être détachée vivement, et que le son ne doit pas en être prolongé.

Le *port de voix*, la *petite note* sont des notes de pur agrément; elles sont à la discrétion du chanteur, et ne comptent pour rien dans la mesure.

(26)

Le trille est un battement précipité qui se fait de la note écrite avec la note immédiatement supérieure.

Le 3 sur trois croches ou trois doubles croches les réduit à la valeur de deux dans la mesure. On les appelle des *trois pour deux* ou des *triolets*.

Les blanches, noires, dont la queue est traversée par une ou plusieurs barres, doivent être divisées en croches, doubles croches et triples croches, suivant le nombre de barres. C'est une sorte d'abréviation.

Dans le cours d'un morceau,

P, p,	veut dire	Piano	doucement.
PP, pp,	—	Pianissimo	très-doux.
F,	—	Forte	fort.
FF,	—	Fortissimo	très-fort.
Dol,	—	Dolce	doux.
rinf, cres;	<	Rinforzando ou crescendo	en renforçant le son.
Dim,	>	Diminuendo	en diminuant de force.
Ritard,	—	Ritardando	en retardant le mouvement.
Smorz,	—	Smorzando	en mourant.

Solo désigne un chant principal pour une voix ou un instrument.

Bâton de 4 mesures. — 4 mesures à compter en silence.

Bâton de 2 mesures. — 2 mesures de silence.

𝄂 Fin d'un morceau.

𝄂 Précédé de 2 points, ce signe montre qu'on doit jouer 2 fois de suite le morceau qui précède.

𝄂 Suivi de 2 points, ce signe indique qu'on doit recommencer une seconde fois le morceau qui suit.

𝄋 Renvoi.

D. C. Da capo.   Recommencer la première reprise.

Au commencement d'un morceau,

Allegro	veut dire	gai.
Presto	——	vîte.
Presto assai	——⎫	très-vîte.
Prestissimo	——⎭	
Allegretto	——	un peu gai.
Stacato	——	marqué.
Risoluto	——	résolu.
Moderato	——	modéré.
Andante	——	tranquillement.
Andantino	——	un peu lent.
Lento	——	lent.
Adagio	——⎫	très-lent.
Larghetto	——⎭	
Largo	——	le plus lent de tous les mouvemens.

Il y en a beaucoup d'autres que l'usage apprendra. Ceux-ci sont les plus usités.

CONCLUSION ET RÉSUMÉ.

Quand, d'après les principes que je viens d'exposer, on s'est formé une idée juste du systême de la Musique; de la progression qui doit régner dans le mode majeur et dans le mode mineur, toujours la même pour tous les tons possibles; des différens intervalles que présente cette progression en montant et en descendant; de la valeur des notes qui les représentent; des signes accidentels qui peuvent modifier leur intonation, leur valeur, et leur degré de force ou d'expression; des temps dont est composée chaque mesure, tous égaux pour la durée, mais non pour le nombre de notes qu'ils renferment, je vais indiquer l'ordre à suivre pour mettre à profit ces connaissances.

Lorsqu'un morceau de Musique vous est présenté, avant de commencer l'exécution, vous avez plusieurs choses à reconnaître :

1.° La *Mesure;* les chiffres qui sont à la clef vous l'indiquent;

2.° Le *Mouvement;* il est ordinairement désigné par le mot *andante, presto,* etc. en tête du morceau;

3.° Le *Ton* — par les dièzes ou les bémols qui sont à la clef;

4.° La *Tonique* — par la clef. Si vous avez, par exemple, une clef d'*ut* 4.ᵉ ligne, avec trois dièzes à la clef, les 3 dièzes vous indiquent le ton de *la majeur* (ou son relatif mineur *fa* ⨯); et la clef d'*ut* vous montrant la position d'*ut*, il vous est facile de trouver la tonique *la* 2 degrés au-dessous, ou 6 degrés au-dessus.

5.° Le *Mode* — par la dernière note du *chant*, qui finit ordinairement par la tonique. Le nom de cette tonique, en le comparant au nombre de signes qui sont à la clef, vous fait voir si elle appartient au majeur ou au relatif mineur. Les signes accidentels qui ont souvent lieu dans le mode mineur, sur-tout devant la *septième* et la *sixte*, le font aussi reconnaître facilement.

La tonique une fois reconnue, vous lui appliquez la gamme majeure ou mineure suivant le mode, et la position des autres notes à son égard vous sert à apprécier leur distance et leur rapport avec la tonique; vous rappelant que la tonique placée sur une ligne détermine pareillement sur des lignes la position de la tierce, de la quinte et de la 7.° à l'aigu comme au grave; qu'au contraire, la seconde, la quarte, la sixte et l'octave se trouvent placées entre les lignes et réciproquement.

Dès-lors, le nom des notes ne doit plus vous occuper; ce sont les intervalles que vous devez considérer, dans leurs rapports entre eux et relativement à la tonique.

Il est peu d'airs qui ne présentent des *modulations* dans différens tons; les signes accidentels vous en avertissent. Vous savez qu'elles ont lieu principalement du *majeur* au *relatif mineur*, et réciproquement; de la tonique en *mode majeur* à la *quinte* et à la *quarte*, aussi en *mode majeur* etc. Vous devez alors adopter momentanément cette nouvelle tonique produite par la modulation et que les signes vous font aisément reconnaître (dans le ton d'*ut majeur*, par exemple, un dièze posé accidentellement sur le *fa*, suppose une transition en *sol*; sur le *sol*, une transition en *la mineur*; un bémol placé devant le *si* prépare à un passage dans le ton de *fa majeur*; ainsi du reste), et lui rapporter tous vos intervalles jusqu'à ce que de nouveaux signes vous engagent encore dans une modulation nouvelle, ou qu'enfin la suppression des signes ajoutés vous ramènent enfin dans le ton et le mode primitif.

Mais que la mesure vous soit toujours présente et règle tous vos mouvemens. Un poids suspendu à un fil (un *chronomètre*), auquel vous donnez le mouvement d'oscillation, peut très-bien les diriger en marquant chaque temps; plus rigide que beaucoup de Maîtres, il ne vous rendrait pas le mauvais service de vous attendre.

C'est par un exercice fréquent, d'abord sur les Gammes *majeure et mineure*, considérées dans tous leurs intervalles, ensuite sur des airs faciles, enfin sur tous les morceaux possibles que vous acquerrez la facilité de déchifrer à livre ouvert toute espèce de Musique, et une connaissance de ses principes plus réelle et plus approfondie que celle qu'en donnent la plupart des Professeurs.

J'ai renfermé dans cet Abrégé les connaissances que je crois le plus essentielles; je renvoie pour les détails au *Dictionnaire de Musique de J.-J. Rousseau*, où toutes ces matières sont traitées de la manière la plus satisfaisante, particulièrement aux mots *note*, *système*, *solfier*, *transposition*, *intervalles*, *modes*, etc.

Voilà la Musique telle que je la conçois; tels sont les principes que je lui suppose; au moins je déclare qu'ils sont d'un effet sûr, et qu'ils m'ont mis, en peu de temps, en état de lire la Musique dans toute espèce de clefs, sans appeler, sans même connaître le nom des notes.

F I N.

www.ingramcontent.com/pod-product-compliance
Lightning Source LLC
Chambersburg PA
CBHW070706050426
42451CB00008B/525